DEUTSCHE AKADEMIE DER WISSENSCHAFTEN ZU BERLIN

VORTRÄGE UND SCHRIFTEN

HEFT 65

WALTER SCHELLENBERG

DIE LEGENDE VOM MITEIGENTUM

DAS WESEN DER THEORIEN ÜBER DAS SOGENANNTE MITEIGENTUM IN WESTDEUTSCHLAND

AKADEMIE-VERLAG · BERLIN

1959

Vortrag gehalten auf der Sitzung der Sektion Wirtschaftswissenschaften der Deutschen Akademie der Wissenschaften zu Berlin am 3. Juni 1959

Erschienen im Akademie-Verlag GmbH, Berlin W 1, Leipziger Straße 3—4
Lizenz-Nr. 202 . 100/275/59
Gesamtherstellung: (285) KONSUM Druck und Papierverarbeitung.
Berlin-Spindlersfeld. Bestellnummer 2003/65
Preis DM 1,50
Printed in Germany
ES 5 B 2

Mit der vorliegenden Arbeit von W a l t e r S c h e l l e n b e r g beginnt die Sektion Wirtschaftswissenschaften der DAdW mit der Veröffentlichung von Vorträgen, die in den Sitzungen der Sektion gehalten werden. Die Sektion beabsichtigt damit, breitere Kreise über ihre Arbeit zu unterrichten und Anregungen zu Diskussionen zu geben.

In einer im Juni 1956 gehaltenen Rede erklärte der USA-Vizepräsident Nixon, daß auf dem internationalen Schauplatz ein Kampf um das Bewußtsein der Menschen geführt werde, wobei „die Waffe, die in diesem Kampf angewendet wird, nicht Kanonen und Flugzeuge" seien, sondern *Ideen.* „Es bestehen mächtige Faktoren", mußte er zugeben, „die in diesem Wettkampf zugunsten der Sowjetunion wirken. Wenn wir sie nicht in Betracht ziehen und nicht realistisch an sie herangehen, können wir die Schlacht um die Seelen der Menschen verlieren." [1])

Eine dieser Ideen, die die bürgerlichen Ideologen als Waffe in dem „Kampf um die Seelen der Menschen" zu dieser Zeit und auch noch heute in den USA benutzen, ist die unter dem Namen „Volkskapitalismus" vertretene Theorie vom „Miteigentum der Arbeiter". Aber nicht nur in den USA steht diese Theorie im Vordergrund der bürgerlichen Argumentation. Der österreichische Bundeskanzler Raab erklärte im Februar d. J.:

> „Wir lehnen den Kapitalismus alter Prägung ab, aber wir bekämpfen nicht minder den Staatskapitalismus. Wenn schon Kapitalismus, so wollen wir den *Volkskapitalismus.* So wollen wir, daß jeder einzelne an der Steigerung des Sozialproduktes auch als Eigentümer Anteil hat." [2])

In Westdeutschland wird gerade in der letzten Zeit im Zusammenhang mit den weitgehenden Reprivatisierungsplänen der Bonner Regierung außerordentlich viel von der „Volksaktie" und dem „Miteigentum", von der „Kapitalbildung in Arbeiterhand" geschrieben und gesprochen. So veröffentlichte u. a. der „Industriekurier" – das Blatt der Ruhrmonopole – in seiner Nr. 31 vom 26. 2. 1959 eine achtseitige Sonderbeilage unter dem Titel „Eigentum für alle – aber wie?"

In den Stellungnahmen für und gegen das Miteigentum werden die verschiedensten Argumente benutzt, die sehr oft scheinbar jeden Zusammenhang vermissen lassen. Die Verteidiger des „Miteigentums" sprechen von der *Notwendigkeit einer erhöhten Kapitalbil-*

---

1) Zitiert bei E. I. Bregel, Der Mythos vom Volkskapitalismus. Berlin 1957, S. 3.

2) „Neue Tageszeitung" vom 17. 2. 1959.

dung, von der *Verbesserung der Vermögensstruktur* durch breitere Kapitalstreuung, von einer steigenden *Mitverantwortung der Arbeiter* in der Wirtschaft, von einer *Verwandlung staatlichen Eigentums in „sozialeres" Eigentum,* von einer *Beteiligung der Arbeiter am volkswirtschaftlichen Ertrag* u. a. m.

Die von unserer Seite geführte Auseinandersetzung besteht in der Hauptsache in der Entlarvung des ungeheuren Betruges, dem die Arbeiter mit der „Volksaktie" ausgesetzt sind, und in dem Nachweis, daß durch die Theorie des „Miteigentums" die eigentlichen Ziele der imperialistischen Wirtschaftspolitik verschleiert werden sollen und daß letzten Endes alles nur einer weiteren Konzentration des Kapitals und einer Erhöhung der Profite auf Kosten der breiten Massen dient. Soweit die Auseinandersetzung mit den verschiedensten Formen der praktischen Durchführung des „Miteigentums" geführt wird, muß dieser konkrete Nachweis der jeweiligen ökonomischen Hintergründe geführt werden. Aber dabei darf nicht übersehen werden, daß für die Monopolbourgeoisie die ideologische Seite dieser „Theorie" wahrscheinlich eine weit größere Rolle spielt als die durch ihre praktische Anwendung in einzelnen Betrieben erzielten zusätzlichen Profite.

In der von mir erwähnten Sonderbeilage des „Industriekuriers" wird z. B. in einem Artikel gesagt, daß der Staat mit der Förderung der Bildung persönlichen Eigentums einen „festen Damm gegen die Gewalten anonymer Kollektive" schafft und daß dadurch die Bürger des Staates „seine Lebensform, die die ihre ist, entschlossen verteidigen" [1]) werden.

In einem anderen Artikel wird die Notwendigkeit des Miteigentums betont, weil Eigentum „die entscheidende gesellschaftliche Ordnungsmacht unserer Tage" [2]) sei.

Die Frage des „Miteigentums" ist eigentlich nur eine abgeleitete Frage. Tatsächlich geht es hierbei um die Frage des Eigentums, genau gesagt, *um das kapitalistische Eigentum überhaupt,* um die Erhaltung des kapitalistischen Eigentums als Grundlage der kapitalistischen Gesellschaft.

Die marxistische Politische Ökonomie vermittelt die sich aus den objektiven Entwicklungsbedingungen ergebende Erkenntnis, daß die Entwicklung der Produktivkräfte im Kapitalismus gesetzmäßig zu einer Verschärfung des Grundwiderspruches führt, des Wider-

---

1) „Industriekurier" vom 26. 2. 1959.

2) Ebenda.

spruches zwischen dem gesellschaftlichen Charakter der Produktion und der auf der Grundlage der kapitalistischen Produktionsverhältnisse vorhandenen privaten Aneignung der Resultate der Produktion. Diese Verschärfung des Grundwiderspruches macht die grundsätzliche Veränderung der Produktionsverhältnisse durch die Aufhebung des kapitalistischen Eigentums und seine Umwandlung in gesellschaftliches Eigentum zur historischen Notwendigkeit. Durch die Errichtung sozialistischer Produktionsverhältnisse wird auch die ökonomische Voraussetzung für die Aufhebung jeglicher Ausbeutung des Menschen durch den Menschen geschaffen und damit der die kapitalistische Gesellschaft kennzeichnende Klassenantagonismus beseitigt. Die historische Aufgabe der Arbeiterklasse ist es, dem Gesetz der Übereinstimmung der Produktionsverhältnisse mit dem Charakter der Produktivkräfte zum Durchbruch zu verhelfen, indem sie den Widerstand der Kapitalistenklasse bricht, die mit allen ihr zur Verfügung stehenden Mitteln um die Erhaltung ihres Eigentumsmonopols an den Produktionsmitteln kämpft.

Wenn Marx darauf hinweist, daß die theoretische Konzeption des Marxismus vor allem deswegen alle Verteidiger des Kapitalismus auf den Plan ruft, weil durch sie das kapitalistische Eigentum angegriffen wird, so wird mit dem Übergang zum Imperialismus die Verteidigung des kapitalistischen Eigentums zum Grundinhalt aller bürgerlichen und opportunistischen Theorien.

Schon längst zeigt sich an den vielfältigsten gesellschaftlichen Erscheinungen, daß die kapitalistischen Produktionsverhältnisse zu einem Hemmnis der gesellschaftlichen Entwicklung geworden sind, daß Krisen, Kriege, Elend und Massenarbeitslosigkeit nur durch die Verwandlung des kapitalistischen Eigentums in sozialistisches beseitigt werden können. Und es bedarf schon eines gewaltigen Aufwandes an Theorien und Argumenten von seiten der Verteidiger des kapitalistischen Eigentums, um den Menschen einzureden, daß alle die für jeden fühlbaren katastrophalen Ergebnisse kapitalistischer Wirtschaft mehr oder weniger zufällige Erscheinungen seien, die nicht dem Wesen des modernen Kapitalismus entsprächen. Die Bemühungen der bürgerlichen Ideologen, die werktätigen Massen, vor allem die Arbeiter, von der Erkenntnis des einzigen Weges zur Schaffung der Bedingungen für eine friedliche und glückliche Entwicklung der Gesellschaft abzulenken, verstärken sich in dem Maße, wie seit der großen Sozialistischen Oktoberrevolution in einem immer größer werdenden Teil der Welt der Beweis für die Richtigkeit unserer Theorie geliefert wird. Die ideologische Verteidigung des kapitalistischen Eigentums wird damit zur Hauptfrage der imperialistischen Apologetik, denn die Entwicklung in der Sowjetunion, in den Volksdemokratien und in der Deutschen Demokratischen Republik beweist immer eindringlicher, daß nur durch die sozialistische Revolution die kapitalistischen Widersprüche beseitigt werden können und die Weiterentwicklung der menschlichen Gesellschaft gewährleistet ist. Wenn ich vorhin die ideologische Seite der Theorien vom „Miteigentum" besonders hervorhob, dann meine ich es in dem Sinne, welche Rolle diese Theorien in dem weltweiten Kampf zwischen Kapitalismus und Sozialismus spielen.

Die verschiedenen „Theorien" haben auf den ersten Blick einen derartig unterschiedlichen Inhalt und weichen in ihrer *unmittelbaren Zweckbestimmung* oft so voneinander ab, daß man darüber streiten kann, ob die eine oder andere zu den „Miteigentums"-theorien gezählt werden kann. Aber allen diesen Theorien ist gemeinsam, daß sie von *derselben Grundkonzeption* ausgehen, gleichgültig ob ihre augenblickliche praktische Nutzanwendung dazu dient, den Lohn zu senken oder die Reprivatisierung staatlicher Betriebe zu tarnen. Die Grundlage aller dieser Theorien ist der *angebliche Nachweis, daß der von Marx analysierte Kapitalismus mit seinen unversöhnlichen Klassengegensätzen, mit seinen Widersprüchen und der sich aus deren Zuspitzung ergebenden Notwendigkeit der sozialistischen Revolution heute nicht mehr existiert.*

Ausgangspunkt dieser Behauptung ist die These, daß entgegen der marxistischen Theorie die zunehmende Konzentration der Produktion *nicht* von einer Konzentration des Kapitals begleitet sei, sondern im Gegenteil von einer weitgehenden Kapitalstreuung, im wesentlichen hervorgerufen durch die immer mehr an Bedeutung gewinnenden Aktiengesellschaften. Diese These wurde schon im vorigen Jahrhundert aufgestellt, und sie bildete eines der Hauptpostulate des Bernsteinschen Revisionismus.

Die Form der Aktiengesellschaft, schrieb Bernstein 1899,

> „... erlaubt eine weitgehende Spaltung schon konzentrierten Kapitals und macht Aneignung von Kapitalen durch einzelne Magnaten zum Zwecke der Konzentrierung gewerblicher Unternehmen überflüssig."[1])

An anderer Stelle schrieb er, daß durch die Aktie das Kapital zu einer „reinen Allerweltssache" werde und daß die Zahl der kleinen

---

1) Bernstein, Die Voraussetzungen des Sozialismus und die Aufgaben der Sozialdemokratie. Stuttgart 1899, S. 47.

Kapitalisten mit der Entwicklung der Aktiengesellschaften in schnellem Maße zunehme.[1]

Bernstein stellte also die Behauptung auf, daß einmal *keine Machtzusammenballung in den Händen von Großkapitalisten* erfolge, zum andern die Zahl der kleinen Kapitalisten zunehme, weil faktisch *jeder* durch den Kauf von Aktien zum Kapitalisten werden könne. Von dieser Auffassung bis zu dem Vorschlag, durch die Herausgabe von Kleinaktien *auch den Arbeitern* die Chance zu geben, ebenfalls sich zu Kapitalisten zu entwickeln, ist nur ein kleiner Schritt. Bereits damals wies Kautsky in seiner Polemik gegen Bernstein nach, daß dieser — ohne es direkt zu sagen — sich der von Oppenheimer, Schulze-Gaevernitz und anderen bürgerlichen Apologeten aufgestellten Behauptung anschloß, daß sich in zunehmendem Maße die Arbeiter in „Besitzende" verwandeln würden. Die Schlußfolgerung ist dann die, daß in dem Maße, wie Arbeiter zu „Miteigentümern" werden, sich auch die Klassengegensätze abschwächen. Die Notwendigkeit einer revolutionären Umwälzung sei deshalb nicht mehr gegeben, weil ja der Kapitalismus aus sich selbst heraus sich zu einer neuen Gesellschaftsform entwickeln würde. Damit *entfällt* nicht nur die Notwendigkeit der Expropriation der Kapitalisten, sondern sie wird *geradezu unmöglich,* denn — so schrieb der französische Ökonom Professor Charles Gide zur selben Zeit,

> „... nicht etwa nur eine Oligarchie, sondern die Masse, und zwar die Masse, die ständig wächst, müßte expropriiert werden."[2]

Die den Theorien über das „Miteigentum" zugrunde liegende angebliche Beweisführung läuft also darauf hinaus, daß die Klassengegensätze aufgehoben und die Ausbeutung beseitigt werden könnten, *ohne daß eine Veränderung der Produktionsverhältnisse durch Aufhebung des kapitalistischen Eigentums notwendig wäre.* Es müsse eben nur die richtige *Form* einer breiten Streuung des Eigentums gefunden werden, wobei allerdings die Arbeiter einen weitgehenden „Konsumverzicht" in Kauf nehmen müßten, um die für ihre Mitbeteiligung notwendigen Mittel aufzubringen. Der Unterschied in den verschiedenen theorischen Konzeptionen bezieht sich

---

1) Bernstein, Wirtschaftswesen und Wirtschaftswerden. Jena 1923, S. 524.

2) Gide und Rist, Geschichte der volkswirtschaftlichen Lehrmeinungen. Berlin 1920, S. 15.

nur noch auf die *Form,* in der die „Streuung des Kapitals“ erfolgen soll.

Daß die Theorien über das „Miteigentum“ der Verteidigung des kapitalistischen Eigentums dienen sollen, kommt auch noch darin zum Ausdruck, daß das Eigentum — wie überhaupt in den bürgerlichen Theorien — als *eine nur sachliche Beziehung* dargestellt wird. Kapital ist nicht etwa ein auf Ausbeutung der Lohnarbeit beruhendes gesellschaftliches Verhältnis, sondern nur eine unter vielen Möglichkeiten für jeden sparsamen Menschen, sich privates Eigentum zu schaffen. In der von mir bereits erwähnten Sonderbeilage des „Industriekuriers“ werden Erwerb und Besitz von Aktien gleichgesetzt den Sparkassenkonten, dem Eigenheim, den Lebensversicherungen, dem Besitz von festverzinslichen Wertpapieren usw. Da ja Möbel, Radioapparat, Kühlschrank usw. — sofern sie schon bezahlt sind — auch privates Eigentum darstellen, so ist der Unterschied zwischen einem Kapitalmagnaten und einem Arbeiter in bezug auf das jeweilige Eigentum offensichtlich nur ein quantitativer und damit der große Unterschied in der gesellschaftlichen Stellung Ausdruck einer „ungerechten“ Verteilung des Eigentums, die man irgendwie korrigieren müsse und auch könne. Jeder dieser „Miteigentums“-Theoretiker preist dann seine Methode als Rezept an, diese ungerechte Verteilung zu korrigieren.

Diese *Gleichsetzung des kapitalistischen Eigentums an den Produktionsmitteln mit dem persönlichen Eigentum* wird bewußt vorgenommen, um den Klassenantagonismus der kapitalistischen Gesellschaft zu vertuschen. Darüber hinaus aber vor allen Dingen, um die sozialistische Forderung auf Umwandlung des kapitalistischen Eigentums in gesellschaftliches Eigentum zu diffamieren, indem man sie als Angriff *gegen das persönliche Eigentum jedes einzelnen* hinstellt. Das ist gerade eines der beliebtesten Argumente aus dem Arsenal des Antikommunismus, mit dessen Anwendung heute vor allem der katholische Klerus versucht, einen moralischen Druck auf die christlichen Werktätigen auszuüben, um sie vom Klassenkampf abzuhalten.

Wenn wir den heute wieder stark propagierten Gedanken des „Miteigentums“ durch die „Volksaktie“, „Arbeiteraktie“ usw. einmal von der Seite der — wenn auch nur in geringfügigem Maße — in der Vergangenheit unternommenen Versuche, ihn praktisch zu verwirklichen, betrachten, wird die Bedeutung der von mir hervorgehobenen ideologischen Seite noch klarer.

In *England* waren bereits Anfang des Jahrhunderts *Aktien zu 1 Pfund Sterling* gesetzlich zugelassen. Mir ist nicht bekannt, in welchem Umfange diese Kleinaktien von Arbeitern gekauft wurden, aber 50 Jahre Entwicklung haben jedenfalls bewiesen, daß diese weitgehende angebliche „Demokratisierung" des Kapitals *weder die Herrschaft einer Handvoll Finanzmagnaten irgendwie beeinträchtigen konnte, noch die Ausbeutung der englischen Arbeiter gemildert oder gar beseitigt hat.* Und die nach 1945 von rechtssozialistischen Ideologen aufgestellte Behauptung von einer angeblichen sozialistischen Entwicklung in England stützte sich auch nicht auf die Kleinaktie in Arbeiterhänden, sondern auf die *Verstaatlichung* der Kohlengruben.

Die heutigen amerikanischen Propagandisten des „Volkskapitalismus" vermeiden es auch, zu erwähnen, daß die Arbeiteraktionäre in den USA in den zwanziger Jahren infolge der Weltwirtschaftskrise sehr gründlich von ihren Illusionen befreit wurden. Jedenfalls gab es 1940 in den USA nur noch 20 Aktiengesellschaften, in denen Arbeiter geringfügigen Aktienbesitz hatten, gegenüber 315 im Jahre 1928.

Und wenn heute von den Verfechtern des „Miteigentums" immer auf die breite Streuung des Aktienbesitzes in den USA hingewiesen wird, so vermeiden sie es, auf die Feststellung des Professors Mills von der New Yorker Columbia-Universität einzugehen, daß im Jahre 1956 98,6% aller USA-Arbeiter überhaupt keine Aktien besaßen. Wenn trotzdem ein so beträchtlicher Aufwand mit dem „Volkskapitalismus" getrieben wird, so hat das seine Ursache eben darin, daß die herrschende Monopolbourgeoisie — um mit Nixon zu sprechen — *Ideen* braucht, „um die Schlacht um die Seelen der Menschen" nicht zu verlieren, Ideen, die als *Waffe im Kampf gegen den sich stürmisch entwickelnden Sozialismus* benutzt werden sollen.

In *Westdeutschland* spielte die Frage des „Miteigentums" bis 1954/55 nur eine untergeordnete Rolle. Stärker im Vordergrund der Argumentation standen die Fragen der „Mitbestimmung" und der „Sozialpartnerschaft", die dieselbe Grundkonzeption enthalten. Auch bei ihnen ist der eigentliche Grundkern ihrer Beweisführung die Illusion von einer *Aufhebung der Klassengegensätze bei Aufrechterhaltung der kapitalistischen Produktionsverhältnisse.* In einzelnen Fällen hat man die Frage der „Mitbestimmung" im Betrieb mit der Notwendigkeit des „Miteigentums" verbunden, aber im allgemeinen wurde sowohl von der Gewerkschaftsseite als auch von seiten der Unternehmer dahin argumentiert, daß das *Kapitaleigentum wenig Einfluß* auf den Gang und die Gestaltung der

Produktion hätte, da hierfür die Manager verantwortlich seien. So schrieb Helmut Wickel in den „Gewerkschaftlichen Monatsheften", daß die auf dem Münchener DGB-Kongreß 1954 geforderte Mitbestimmung kein „Eindringen in das Eigentum" darstelle, sondern ein Eindringen „in die *„Funktionen,* die das Eigentum bislang für sich reklamierte".[1]) Andererseits gab das auf diesem DGB-Kongreß beschlossene Aktionsprogramm den Anstoß, mit einer Verstärkung des ideologischen Feldzuges zur Verteidigung des kapitalistischen Privateigentums auch die Frage des „Miteigentums" stärker in den Vordergrund zu rücken.

Es ist offensichtlich kein Zufall, daß zur gleichen Zeit, als Wirtschaftsminister Erhard in einer Polemik gegen das Aktionsprogramm des DGB kategorisch erklärte, die dort gestellte Forderung nach Sozialisierung der Grundstoffindustrie sei „nicht mehr zeitgemäß", Dr. Hinkel in den „Gewerkschaftlichen Monatsheften" feststellte, daß es ein immer dringenderes Problem sei,

> „... auch den einzelnen Arbeitnehmern ... zu einer Beteiligung am Produktionsmittel-Eigentum zu verhelfen".[2])

Einige Monate später erklärte der damalige 2. Vorsitzende der SPD, Willi Eichler, daß man sich um

> „... die seit einiger Zeit mehr und mehr in Gang kommende Unterhaltung über Versuche der Beteiligung der Arbeiterschaft auch am Kapitalvermögen der Nation"[3])

bemühen müßte.

Siegfried Aufhäuser schrieb im April 1955 in den „Gewerkschaftlichen Monatsheften", es gehe nicht darum,

> „... einer Anzahl ‚privilegierter' Arbeitnehmer durch Dividenden ein zusätzliches Lohneinkommen zu schaffen, sondern um die Frage, die Belegschaften allmählich mit in den Besitz der Produktionsmittel einzubauen".

Er erklärte weiter, die Anwendung der Marxschen Mehrwerttheorie im gegenwärtigen Stadium der kapitalistischen Entwicklung sei

> „.... die Kollektivierung des Besitzes der Produktionsmittel, angefangen bei einem Miteigentum der Arbeitnehmer an dem *neu zuwachsenden* Betriebsvermögen." [4])

---

1) „Gewerkschaftliche Monatshefte", Nr. 7/1955.
2) Ebenda, Nr. 9/1954.
3) „Vorwärts" vom 2. 9. 1955.
4) Gewerkschaftliche Monatshefte", Nr. 4/1955.

Es ist dabei interessant, daß in diesem Stadium der Entwicklung die Frage des „Miteigentums“ nicht vom Standpunkt der Stellung des Arbeiters im Betrieb behandelt wurde, sondern nur vom Standpunkt einer „gerechteren“ Vermögensteilung, vom Standpunkt der Verbesserung seiner Lage als „Konsument“.

Ludwig Erhard spricht von einer „Sozialisierung des Fortschritts und des Gewinns“ und stellt die „Konsumfreiheit“ in den Vordergrund, die nach seiner Darstellung gleichzeitig die „Freizeit des Unternehmertums“ bedingt.[1] Willy Eichler spricht von der „Ausbeutung der Konsumenten“, und Aufhäuser betont, daß das „Miteigentum ... auf die gegenwärtige ungesunde Vermögensverteilung und Vermögensbildung einigermaßen ausgleichend wirken“ könne.

Wenn Aufhäuser sich in demselben Artikel dagegen verwahrt, das „Miteigentum“ mit dem „Gewinn- oder Erfolgsanteilsystem zu identifizieren“, so bezieht sich das auf die Tatsache, daß eine Reihe kapitalistischer Firmen die „Theorie vom Miteigentum“ benutzten, um die Arbeiter durch die verschiedensten Formen der „Mitbeteiligung“, des „Mitunternehmertums“, des „Erfolgsanteils“ usw. stärker an den Betrieb zu binden, ihre Klassensolidarität zu untergraben und Lohnkämpfe zu verhindern, um sich höhere Profite zu sichern. Ich möchte hierbei nochmals betonen, daß die unmittelbare Zweckbestimmtheit der *angewandten* unterschiedlichen Methoden der dem „Miteigentum“ zugrundeliegenden Grundkonzeption nicht nur nicht widerspricht, sondern sie überhaupt zur Voraussetzung hat. Der Umfang, wie weit es dem einzelnen Unternehmen gelungen ist, die Arbeiter von den „Vorteilen“ des einen oder anderen angewandten Systems zu überzeugen, hängt in der letzten Konsequenz doch davon ab, wie weit der Gedanke der „Klassenversöhnung“, der „Abschwächung der Klassengegensätze“ Fuß gefaßt hat. Zumindest trifft das für die *Einführung* eines solchen Systems zu, denn die Praxis führt bald zu der Erkenntnis, daß sich an der Stellung des Arbeiters im Betrieb und in der Gesellschaft nichts ändert.

Daraus erklärt sich auch der scheinbare Gegensatz, der sich manchmal zwischen den offiziell verbreiteten Versionen über das „Miteigentum“ und den von den einzelnen Firmen angewandten Formen ergibt, vor allem dann, wenn die negativen Auswirkungen sich so stark bemerkbar machen, daß sie den Widerstand der Arbeiter hervorrufen können.

---

1) Erhard, Wohlstand für alle, Düsseldorf 1957, S. 7 u. 14.

Ein typisches Beispiel dafür bildet der seit 1951 als Musterbeispiel einer echten „Sozialpartnerschaft“ stark propagierte „Mitunternehmervertrag“ der Paul Spindler Werke KG, Hilden. Ich will hier nicht näher auf Einzelheiten eingehen, da eine meiner Meinung nach gute Darstellung der Entwicklung dieses „Mitunternehmertums“ in dem Buch von Dr. Hiller über die „Gewinnbeteiligung“ gegeben ist. [1]) Tatsache ist, daß, als im Laufe der Zeit sehr kraß zutage trat, daß durch diesen „Mitunternehmervertrag“ den Arbeitern weder eine materielle Besserstellung noch eine Sicherung des Arbeitsplatzes geboten wird, von den Verfechtern des „Miteigentums“ immer mehr Zweifel geäußert werden, ob das „Mitunternehmertum“ der richtige Weg sei, die Arbeiter für die „Kapitalbildung in Arbeiterhand“ zu interessieren.

Im Gegensatz dazu stimmt die offizielle Propaganda des „Miteigentums“ mit der in einigen Firmen angewandten Form der „Belegschaftsaktie“ bzw. der „Volksaktie“ überein. Nur kommen die Ideologen des „Miteigentums“ nicht an der für sie unangenehmen Tatsache vorbei, daß sich in der Praxis die Ausgabe von Belegschaftsaktien faktisch nur auf ein Dutzend Unternehmen beschränkt und auch in diesen Firmen auf wenig Gegenliebe bei den Arbeitern stößt. Auch da ergibt sich ein Widerspruch zwischen den Auffassungen der Geschäftsleitungen dieser Unternehmen und der *allgemeinen* Propaganda. So meint z. B. Erhard, daß in Deutschland das Wertpapier-Eigentum erst einmal *populär* gemacht werden müsse.

Ein Dr. Rheinfeld schreibt im „Industriekurier“, daß „gerade die Arbeiterschaft der Aktie besonders skeptisch gegenübersteht — im wesentlichen wegen mangelnder Kenntnis des Aktienwesens...“.[2]) Im Westberliner „Telegraf“ wurde anläßlich der Ausgabe von Belegschaftsaktien der Mannesmann AG festgestellt:

> „... Die Arbeiter haben mehr *Hemmungen* zu überwinden als die Angestellten, die durch ihre Tätigkeit häufig mit Fragen der Finanz- und Kapitalbeschaffung in Berührung kommen ...“ [3])

Auf den Gedanken, daß ein Arbeiter, wenn er 100 oder mehr DM für eine Kleinaktie ausgeben soll, das *nur auf Kosten anderer notwendiger Anschaffungen* machen kann, kommen diese Herren nicht. In dieser Beziehung denken die Geschäftsleitungen der Betriebe, die Aktien an die Arbeiter verkaufen wollen, etwas realistischer.

---

1) Hiller, Gewinnbeteiligung der Arbeiter im Kapitalismus. Berlin 1958, S. 177—188.

2) „Industriekurier“ vom 10. 8. 1957.

3) „Telegraf“ vom 31. 12. 1957.

Denn sie versuchen, durch alle möglichen Zahlungserleichterungen, wie Ratenzahlungen, Abzug von der Jahresprämie, oder wie bei Siemens anläßlich des Geschäftsjubiläums 1951 durch Ausgabe von Kleinaktien an Stelle einer Geldzuwendung, einen *Anreiz zum Erwerb* von Aktien zu schaffen.

Ein Beispiel dafür ist die im Juli und Dezember 1957 erfolgte Ausgabe von Belegschaftsaktien bei der *Mannesmann AG*, wobei viermonatige Ratenzahlungen oder Verrechnung mit der Jahresschlußprämie, aber auch ein bestimmter Druck von seiten der Betriebsleitung zum Erwerb der Aktien beitragen sollten. Trotzdem war das Ergebnis, daß nur 16% der bezugsberechtigten Arbeiter Aktien kauften gegenüber 67% der bezugsberechtigten Angestellten. Nach den am 26. 2. 1959 im „Industriekurier" veröffentlichten Angaben verfügen 12 000 Belegschaftsaktionäre über Aktien im Nominalwert von 2,4 Mill. DM, d h., im Durchschnitt jeder über 2 Kleinaktien, die ihm am Jahresende nach Abzug von Steuern und Spesen etwa 12,— DM Dividende bringen. Eine einfache Rechnung weist den von den Vertretern des „Miteigentums" verbreiteten Unsinn nach, daß der Arbeiter mit dem Kauf von Kleinaktien Vermögen bilden könnte. Vorausgesetzt, daß er die Aktien nicht verkauft und vorausgesetzt, daß die Dividende bei 10% bleibt, hat er in fast 17 Jahren erst das Geld wiederbekommen, welches er sich in 4 Monaten vom Munde absparen mußte, um dafür eine oder mehrere Aktien zu kaufen.

Noch grotesker erscheint das Gerede, daß diese 12 000 Belegschaftsmitglieder jetzt „Miteigentümer" der Mannesmann AG seien. Ihre 2,4 Mill. DM Aktienkapital stellen ganze 0,4% des gesamten Aktienkapitals dar. Aber — so sagen die Verfechter des „Miteigentums" — sie sind trotzdem ebenso wie die anderen Kleinaktionäre durch die „Schutzvereinigungen für Wertpapierbesitz" im Aufsichtsrat vertreten. Man sagt aber nicht, daß dieser Vertreter der Gutsbesitzer Fery von Berghes ist, einer der neun Großaktionäre der Mannesmann AG, von denen bereits 1955, als das Aktienkapital noch nicht die Hälfte des heutigen ausmachte, jeder über Aktien von über einer Million DM verfügte.

Und wie sieht es mit der angeblichen „Ausgleichung der Vermögensverteilung" aus?

Die Jahresbilanz 1957 wies einen Reingewinn von 47,9 Mill. DM aus, auf Grund dessen 10% Dividende ausgeschüttet wurden, d. h., daß für 12 000 Belegschaftsaktionäre 240 000 DM an Dividenden gezahlt wurden, während über 47,5 Mill. DM in die Taschen der anderen Aktionäre flossen. Die Winzigkeit des Anteils der „Miteigentümer" am Ertrag ihrer eigenen Arbeit fällt aber noch mehr ins Auge, wenn man berücksichtigt, daß der sogenannte Reingewinn nur ein Bruchteil des tatsächlich erzeugten Profits ist.

Wieviel von dem tatsächlich erzeugten Profit für das Kapitalpolster verwendet wurde, erhellt daraus, daß der genannte Geschäftsbericht an Rücklagen, Rückstellungen und Wertberichtigungen über 1,1 Milliarden DM ausweist.

Wer über diese Mittel verfügt, wird klar, wenn man weiß, daß auf den Hauptversammlungen der Mannesmann AG die Vertreter der drei westdeutschen Monopolbanken über rd. ²/₃ der Stimmen der vertretenen Aktien verfügten. Das ist eine treffende Illustration zu L e n i n s Feststellung, daß die „Demokratisierung" des Aktienbesitzes in Wirklichkeit nur eines der Mittel ist, die Macht der Finanzoligarchie zu vermehren.

Die Propagierung des „Miteigentums" trat 1957 in ein neues Stadium, da jetzt sowohl die Bonner Regierung als auch die CDU als Regierungspartei auf ihrem Hamburger Parteitag gewissermaßen offiziell die Notwendigkeit einer „breiten Eigentumsstreuung" verkündeten. Konkreter Ausdruck dafür war der auf diesem Parteitag der CDU von A d e n a u e r, E r h a r d und anderen eingebrachte Antrag, Schritte einzuleiten, um die bundeseigenen Volkswagenwerke in eine Aktiengesellschaft zu verwandeln und durch Herausgabe von Kleinaktien eine „breite Kapitalstreuung" zu erreichen.

Ganz offiziell sollte hier der Gedanke der „Volksaktie" dazu dienen, um die von führenden Monopolkreisen geforderte *Reprivatisierung* profitabler Staatsbetriebe zu popularisieren. Kurz vorher hatte der „Volkswirt" in einem Leitartikel betont, daß sich die Notwendigkeit der Privatisierung schon allein aus dem Umfang des Staatsvermögens ergebe, das entschieden zu hoch sei. Dementsprechend beteuerte E r h a r d bei der Begründung des Antrages, von einer „Verschleuderung des Bundesbesitzes" könne keine Rede sein.

> „Der Sinn und Wert dieses Volksvermögens soll einen sehr viel besseren und sozialeren Ausdruck finden, wenn das Volk selbst unmittelbar in Gestalt privater Besitztitel Eigentümer dieser Vermögen wird."[1])

„Die Welt" kommentierte den Hamburger Parteitag der CDU:

> „Es kommt also gewissermaßen darauf an, den Staat durch das Volk zu ersetzen."[2])

---

1) „Handelsblatt" vom 15. 5. 1957.

2) „Die Welt" vom 1. 6. 1957.

Die Ausführungen auf dem CDU-Parteitag und spätere Äußerungen Erhards, Etzels und anderer CDU-Politiker lassen auch keinen Zweifel darüber, daß hier außerdem ein Weg gefunden werden sollte, *zusätzliches Kapital* für die beginnende Aufrüstung und die damit verbundenen Investitionen zu mobilisieren. Erhard selbst betonte in einem Interview mit dem „Spiegel", daß man das „im ganzen Volk populäre Volkswagenwerk" gewählt hätte, um das Wertpapiereigentum erst einmal populär zu machen. Denn — so führte er weiter aus,

„. . . die Privatisierung dieses Unternehmens und weiterer bundeseigener Industriefirmen ist also keine in sich abgeschlossen zu wertende Aktion. Sie ist ein Anfang: gleichsam eine Initialzündung, die breite Bevölkerungsschichten an das Aktieneigentum ganz allgemein heranführen soll. Wer morgen VW-Aktien kauft, der wird sich übermorgen für Wertpapiere privater Industrieunternehmen interessieren." [1])

Die Notwendigkeit vermehrter Kapitalbildung wird auch von Drechsler in den Vordergrund gestellt, der sich bemühte, den aus den USA importierten „Volkskapitalismus" zu popularisieren. Er führt diesen erhöhten Kapitalbedarf auf „die politische Situation" zurück, auf die „zunehmende Verlagerung des Ost-West-Konfliktes auf die wirtschaftliche Ebene", die Automatisierung, die „Erschließung der Entwicklungsländer" und die „unvermeidbaren Rüstungskosten".

„Die Kapitalsbildung wird damit im doppelten Sinne zu einer Schicksalsfrage: Das „Ob" wird über unsere politische Existenz, das „Wie" wird über den Charakter unserer künftigen Gesellschaftsordnung entscheiden." [2])

Was Drechsler hier durchaus richtig als „Schicksalsfrage" bezeichnet, sind die Furcht vor der sozialistischen Entwicklung und die Sorge um die Erhaltung des Kapitalismus angesichts der wachsenden Kraft des Sozialismus. Und von dieser prinzipiellen Seite aus muß man auch die ganze Kampagne um die „Volksaktien" der Volkswagenwerke betrachten, um ihren unmittelbaren Zusammenhang mit der seit Anfang 1957 von seiten der Ideologen des Monopolkapitals auf breitester Front mit allen möglichen Ideen, Plänen und Projekten propagierten Theorie des „Miteigentums" zu erkennen.

1) „Der Spiegel" vom 10. 7. 1957.
2) „Der Volkswirt" Nr. 18/1957.

Das fängt an beim Generaldirektor der Phönixwerke, Friedrich, der in einem Artikel mit der bezeichnenden Überschrift „Ist Kapital immer noch böse?“ Anfang 1957 forderte:

> „Alle müssen begreifen, daß Kapital nicht etwas Böses, sondern etwas Notwendiges, ja Gutes ist . . .“ [1])

und der den merkwürdigen Begriff „Sozialer Kapitalismus“ prägte, weil das Kapital „sich über das ganze Volk verteilen“ würde. Und das geht bis zum CDU-Bundestagsabgeordneten Häusler, führendem Mitglied des „Katholischen Männerwerkes“, der in seinem Plan vorschlug, $^{2}/_{3}$ zukünftiger Lohnerhöhungen für Investitionen zu verwenden und dadurch die Arbeiter zu Kapitaleigentümern zu machen. Seine Losung ist „Miteigentum statt Klassenkampf“.

In einem in der „Stuttgarter Zeitung“ vom 26. 3. 1957 veröffentlichten Artikel schreibt er:

> „Die unselige Klassenspaltung unseres Volkes . . . ist weder unabänderlich noch gesetzmäßig mit der Institution des Privateigentums verknüpft.“

Sie rührt nach seiner Auffassung nur daher, daß die Arbeiter „nicht selbst persönlichen Anteil am Kapitalertrag“ haben. Also könnte man durch „Miteigentum“ die „Feindseligkeit der Arbeitnehmer gegenüber dem Privateigentum“ beseitigen,

> „. . . ohne daß unsere gegenwärtige gesellschaftliche Ordnung des Privateigentums in der Wirtschaft erschüttert wird“.

Nichts anderes sagte doch Erhard auf dem CDU-Parteitag, wenn er an die Volksaktie die Erwartung knüpft, daß

> „. . . das Verständnis für volkswirtschaftliche Zusammenhänge allgemein werden und das persönliche Interesse an der Produktivität und Ergiebigkeit der Volkswirtschaft an Boden gewinnen“. [2])

würde.

Man darf sich nicht dadurch irreführen lassen, daß die Vertreter der verschiedensten Pläne und „Theorien“ gegeneinander polemisieren, daß die Interpreten der verschiedenen „Investlohn“-Pläne die „Volksaktie“ ablehnen und daß andererseits die Befürworter der „Volksaktie“ gegen den „Investlohn“ auftreten. Oder daß darüber gestritten wird, ob „Belegschaftsaktien“, Zertifikate von Invest-

---

1) „Die Welt“ vom 19. 1. 1957.

2) „Handelsblatt“ vom 15. 5. 1957.

mentgesellschaften oder freier Handel mit Kleinaktien das Zweckmäßigere sei. Natürlich sind die verschiedenen Pläne Ausdruck der unterschiedlichen Interessen verschiedener Bevölkerungsschichten, und es bedarf einer gesonderten Untersuchung, um die klassenmäßigen Wurzeln der einen oder anderen Theorie aufzudecken. Aber sie alle vertreten dieselbe Grundkonzeption, und jeder von ihnen hat Anteil an der nicht zufällig zu diesem Zeitpunkt vom Monopolkapital eingeleiteten ideologischen Kampagne. Der XX. Parteitag der KPdSU hatte im Februar 1956 für die Sowjetunion die ökonomische Hauptaufgabe gestellt, die am meisten entwickelten kapitalistischen Länder in der Pro-Kopf-Produktion einzuholen und zu überholen. Es zeigte sich bereits nach wenigen Monaten, daß diese Aufgabe angesichts der stürmischen Entwicklung der sozialistischen Produktion in einer relativ kurzen Zeit erfüllt würde. Das Scheitern der imperialistischen Bemühungen, das sozialistische Lager „aufzuweichen", dokumentierte eindeutig die Stabilität und Geschlosenheit des sozialistischen Systems. Auf der anderen Seite war nicht zu übersehen, daß sich in den USA bereits Anzeichen einer Krise bemerkbar machten. In Westdeutschland war zwar von einer Krise noch nichts zu spüren, aber angesichts der steigenden Preise und der durch die beabsichtigte Atomaufrüstung unvermeidlich werdenden Verschlechterung der Lage der Arbeiterklasse befürchteten die herrschenden Kräfte unvermeidlich kommende Klassenauseinandersetzungen. Das um so mehr, als der Streik der Metallarbeiter Schleswig-Holsteins im Winter 1956/57 einen Beweis für die Kampfkraft der westdeutschen Arbeiter geliefert hatte. Dazu kam das Beispiel der friedlichen Entwicklung in der Deutschen Demokratischen Republik, welches immer deutlicher bewies, daß sozialistische Produktionsverhältnisse die Voraussetzung für eine stürmische Aufwärtsentwicklung sind und deshalb die Forderung nach Vergesellschaftung der Grundstoffindustrie in Westdeutschland den Interessen der Arbeiterklasse entspricht.

Worum es dem *Wesen* nach bei allen diesen „Miteigentums"-theorien, angefangen von der „Volksaktie" bis zum „Investlohn" ging und noch geht, das brachte treffend der „Industriekurier" vom 10. 8. 1957 in einem Artikel über die „Volksaktienvereine" zum Ausdruck: Darin wurde gesagt, daß

> „. . . die großen ideologischen Gegensätze des Liberalismus und Marxismus unter der Decke weiter schwelen, von Zeit zu Zeit . . . aufflackern und darauf warten, in etwa kommenden kritischen Zeiten übermächtige Strömungen zu werden, die in neuen Klassenkämpfen und Katastrophen enden können."

Man müßte daher vorbeugen, heißt es weiter,

„... und eine neue Eigentumsordnung könnte hierzu ein wirksames Instrument werden."[1])

Aus der Tatsache, daß es auch bei der Propagierung des „Miteigentums" durch die Volkswagen-Aktie dem Wesen nach um eine ideologische Kampagne zur Stärkung und Erhaltung des Monopoleigentums ging, erklärt sich auch, weshalb das Scheitern der Reprivatisierungspläne der Volkswagenwerke die Weiterführung der ideologischen Kampagne nicht minderte. Ganz im Gegenteil, denn der im September 1958 in Kiel tagende CDU-Parteitag stellte die Frage des „Miteigentums" noch stärker in den Mittelpunkt seiner Diskussion. Hier wurde auch viel deutlicher ausgesprochen, worauf es den Vertretern des Monopolkapitals ankommt, nämlich die Arbeiter dahingehend zu beeinflussen, daß sie für das kapitalistische System in der Bundesrepublik eintreten und den Sozialismus ablehnen. „Breite Streuung des Eigentums" würden nach Dr. Bekker „vielen Bürgern ein stärkeres Gefühl geben, zum Staat zu gehören", nach Etzel „die Unterwanderung unserer Gesellschaft durch den roten Sozialismus verhindern".

Zugleich nahm man die Gelegenheit wahr, sich endgültig von der Forderung nach Überführung der Grundstoffindustrie in Gemeineigentum, wie sie 1948 im Ahlener Programm der CDU aufgenommen wurde, abzugrenzen. Gerstenmaier erklärte, daß diese Forderung des Ahlener Programms nicht mehr der Politik der CDU entspräche, die sich zum „verantwortungsbewußten Eigentum" bekenne und deswegen den Weg der Privatisierung beschreiten würde.

Auch Katzer erklärte das Ahlener Programm für überholt, weil eine „Streuung des Eigentums weit über die Forderung des Ahlener Programms hinausgehen" würde.

„Es muß jetzt Eigentum gebildet werden", erklärte Erhard und forderte:

„Jeder soll zeitweilig auf eine Steigerung seines Einkommens verzichten und dafür mehr sparen."

Die unmißverständliche Stellungnahme des CDU-Parteitages gegen die Verstaatlichung und die Propaganda einer „breiten Streuung des Eigentums" fanden bekanntlich ihre ersten praktischen Auswirkungen bei der Teilprivatisierung der Preußag, auf die ich noch näher

1) „Industriekurier" vom 10. 8. 1957.

eingehen werde. Wenn man die Argumente des Kieler Parteitages der CDU, die ja nur eine Fortsetzung der in Hamburg ein Jahr vorher begonnenen Diskussion darstellten, und die im vorigen und diesem Jahr von seiten der CDU weitergeführte Diskussion auf ihren Kern untersucht, so werden folgende Seiten deutlich erkennbar, die eng miteinander zusammenhängen.

1. Durch die Ausgabe sogenannter „Volksaktien", aber auch durch andere Formen des „Miteigentums", wie Zertifikate von Investmentgesellschaften, verschiedenen Formen des sogenannten Investlohnes usw., soll ein Weg eröffnet werden, einen Teil der für die beschleunigte Atomaufrüstung benötigten Mittel durch „freiwilligen Konsumverzicht" aus den Taschen der Arbeiter, aber auch aus Kreisen der Mittelschichten zu ziehen. Das brachte Erhard bereits sehr deutlich bei dem ersten Versuch einer Reprivatisierung des Volkswagenwerkes zum Ausdruck, indem er erklärte, daß aus dem Ertrag des Aktienverkaufes ein „Sondervermögen" gebildet werden solle, dessen „letzter und wichtigster Zweck" darin bestünde,

> „. . . die gewaltigen Aufgaben zu finanzieren, die bei der Wiedervereinigung zu bewältigen sind".[1])

2. Die Verbindung der Propaganda des sogenannten *„Miteigentums"* und der damit verbundenen angeblichen „breiten Kapitalstreuung" mit der *Ablehnung der Verstaatlichung* soll den Widerstand gegen die vom Monopolkapital geforderte Reprivatisierung bundeseigener Betriebe beseitigen. Man prägte den Ausdruck „soziale Privatisierung", um zu verschleiern, daß Staatsbetriebe in die Hände großer Monopolgruppen gelangen sollen, wie es bei den vorangegangenen Reprivatisierungen einzelner bundeseigener Betriebe offensichtlich war. Sowohl den Arbeitern als auch der gegen den Druck der Monopole sich auflehnenden kleinen und mittleren Bourgeoisie versucht man weiszumachen, daß diese mit der Kleinaktie verbundene Reprivatisierung ein wesentlicher Schritt zur „Dekonzentration des Kapitals" sei, die bei den Staatsbetrieben anfangen müsse, weil hier die *größte* Kapitalkonzentration vorhanden sei.

Das ist aber nur eine Seite. Die mit dem „Miteigentum" gekoppelte Ablehnung staatlichen Eigentums an Produktionsmitteln hat tiefere Ursachen.

Schon Marx hatte im Zusammenhang mit seinen Untersuchungen über die Grundrente festgestellt, daß die Bourgeoisie auch einer

---

1) „Handelsblatt" vom 15. 5. 1957.

in ihrem Interesse notwendigen bürgerlichen Nationalisierung nach Möglichkeit aus dem Wege geht, weil durch sie das geheiligte Prinzip des Privateigentums durchbrochen wird. Das was Marx damals in bezug auf den Grund und Boden festgestellt hatte, trifft in weit höherem Maße auf die Industrie zu. Gerade heute, angesichts der wachsenden Stärke und der Erfolge des Volkseigentums in der Deutschen Demokratischen Republik und angesichts der Forderung der westdeutschen Arbeiter nach Vergesellschaftung der Grundstoffindustrie stellen verstaatlichte Betriebe eine latente Bedrohung des kapitalistischen Eigentumsprinzips dar. Durch das Bestehen großer staatlicher Unternehmen, wie z. B. des Volkswagenwerkes, die durchaus konkurrenzfähig sind und auch Profite abwerfen, wird die Legende von der Überlegenheit des privatkapitalistischen Unternehmertums von innen heraus ausgehöhlt. Damit wird aber auch das wichtigste Argument, das man gegen die sozialistische Planwirtschaft ins Feld führt, gegenstandslos. Der Finanzkapitalist Forberg, Mitinhaber des Bankhauses Trinkaus, bringt die damit verbundenen Befürchtungen der Monopolkreise klar zum Ausdruck, wenn er in einem Artikel, in dem er für das „Miteigentum" eintritt, schreibt:

> „Wer den individuellen Eigentumsbegriff stärken will, muß zunächst einmal kompromißlos den Gedanken vertreten, daß ehrlich erworbenes und versteuertes Eigentum unantastbar ist und nicht durch den Gesetzgeber von Zeit zu Zeit und unter irgendwelchen Vorwänden geschmälert und enteignet werden kann."[1])

Und der „Industriekurier" wirft der SPD vor, daß sie mit ihrer Ablehnung der „sozialen Privatisierung" auf die „Schaffung wahren Volkseigentums" verzichte, als „Antwort auf ein kommunistisches Volkseigentum".[2])

3. Durch die Propagierung des „Miteigentums" will man erreichen, daß zumindest Teile der Arbeiterklasse für die Erhaltung des kapitalistischen Eigentums eintreten und auf den Kampf um die Durchsetzung ihrer Klassenziele verzichten. Das gilt sowohl für den Kampf um höhere Löhne und bessere Arbeits- und Lebensbedingungen als auch für den revolutionären Kampf um den Sozialismus. Der Zusammenhang dieser beiden Seiten wird von

---

1) „Industriekurier" vom 26. 2. 1959.

2) „Industriekurier" vom 21. 4. 1959.

den Vertretern des Monopolkapitals richtig erkannt. So schreibt der bereits erwähnte Drechsler, daß

„... der West-Ost-Konflikt nicht nur ein außenpolitischer Machtkampf alten Stils ist, sondern weitgehend den Charakter einer bürgerkriegsähnlichen Auseinandersetzung im Weltmaßstab trägt".[1])

In diesem Zusammenhang muß man auch erkennen, wie begeistert der „Volkswirt" davon ist, daß es dem größten österreichischen Autokonzern gelungen war, einen drohenden Lohnstreik mit Hilfe der reformistischen Gewerkschaftsführer dadurch abzuwenden, daß den Arbeitern an Stelle der geforderten Lohnerhöhung „Volksaktien" in die Hände gedrückt wurden. Der „Volkswirt" sieht darin vor allem ein Anzeichen dafür,

„... daß auch die europäische Arbeiterschaft Wesen, Wert und Sinn der Aktie zu begreifen beginnt, das Miteigentum an einem Unternehmen — sei der Anteil auch noch so winzig — zu schätzen weiß".[2])

Wenn immer wieder betont wird, daß es vor allen Dingen darauf ankomme, den Arbeiter am Besitz von Wertpapieren zu interessieren, so steckt dahinter die Erwartung, daß, wenn ein Arbeiter erst einmal Interesse am Wertpapierbesitz hat, seine Verbundenheit mit dem kapitalistischen Eigentum schon aus materiellen Interessen gegeben sei. Gleichzeitig soll das Schreckgespenst der unter sozialistischen Bedingungen angeblich rücksichtslos durchgeführten Aufhebung jeglichen Privateigentums diesen Arbeiter davon überzeugen, daß nur die westliche Welt ihm seinen — wenn noch so winzigen — Besitz garantiert. Wobei nur am Rande angedeutet wird, daß es durchaus möglich ist, daß er gegebenenfalls seine Aktie zu einem bedeutend niedrigeren Kurs verkaufen muß als er selbst dafür bezahlt hat.

Daß diese ideologische Beeinflussung der Arbeiter eine sehr große Rolle auch bei der sogenannten „sozialen Privatisierung" spielt, erkennt man u. a. daran, daß die bereits 1957 vorgesehene Reprivatisierung der Volkswagenwerke nicht zuletzt durch den bis zum einstündigen Streik gehenden Widerstand der Belegschaft zunächst vertagt wurde.

Daß auch die SED die Auswirkungen dieser „Eigentumsideologie" in Rechnung stellt, geht z. B. daraus hervor, daß W. Ulbricht

---

1) „Der Volkswirt" Nr. 18/1957.

2) „Der Volkswirt" Nr. 17/1959.

auf dem 30. Plenum des ZK der SED betonte, daß bei einer zukünftigen Überführung der westdeutschen Schlüsselindustrie in Volkseigentum die Kleinaktionäre für ihren Aktienbesitz voll entschädigt werden sollen.

Aus dem Gesagten ergibt sich, daß mit der von der CDU und damit von den westdeutschen Monopolkreisen seit 1957 verstärkt durchgeführten Propagierung des „Miteigentums" eine ganze Reihe Probleme verbunden sind. Es ist schon so, wie der „Industriekurier" anläßlich des damaligen Vorschlages auf Reprivatisierung des Volkswagenwerkes schrieb:

> „. . . nicht ohne Absicht verknüpft Konrad Adenauer, Ludwig Erhard und Fraktion die Pläne der Privatisierung, der Volksaktie und der Wiedervereinigung miteinander."[1])

Aber gleichzeitig zeigt sich sehr deutlich, daß der eigentliche Kern der ganzen ideologischen Kampagne darin besteht, das kapitalistische Eigentum an den Produktionsmitteln zu verteidigen. Das wird noch deutlicher, wenn man diesen ganzen ideologischen Feldzug der CDU ebenso wie die gleichzeitig in Österreich von seiten der ÖVP – der Schwesterpartei der CDU – durchgeführte Propagierung des „Volkskapitalismus" als einen Bestandteil des Kampfes des politischen Klerikalismus erkennt, dem wachsenden Einfluß des Sozialismus zu begegnen. Die Tatsache, daß dieser Kampf um die Erhaltung des kapitalistischen Eigentums seit Ende 1956 besonders verstärkt wurde, kann man nur im Zusammenhang mit der seit dem XX. Parteitag der KPdSU immer deutlicher werdenden Aufwärtsentwicklung des sozialistischen Weltsystems und dem damit zusehends wachsenden Einfluß des Sozialismus in der kapitalistischen Welt sehen. Dabei liegt der Schwerpunkt dieses ideologischen Feldzuges gerade in Deutschland, weil hier die beiden gesellschaftlichen Systeme unmittelbar aufeinanderstoßen.

In der 1956 herausgekommenen 6. Auflage des Buches „Die soziale Frage" des Wiener Professors Meßner, eines prominenten Vertreters der christlichen Soziallehre, wird vor allem die „Reform der Eigentumsgesinnung" gefordert,[2]) wobei das „Miteigentum" eine entscheidende Rolle spielen soll. Nach Meßner würde durch das Miteigentum „das Eigentums- und Arbeitsproblem der industriellen Gesellschaft" gelöst werden, wobei einer der wichtigsten Wege zum „Miteigentum" die „Kapitalbildung durch die Arbeitschaft aus einem

---

1) „Industriekurier" vom 18. 5. 1957.

2) Meßner, Die soziale Frage, Wien 1956, S. 467.

der sozialen Gerechtigkeit entsprechenden Arbeitseinkommen" sei.[1]) Was er unter dem Begriff des „der sozialen Gerechtigkeit entsprechenden Arbeitseinkommens" versteht, geht schon daraus hervor, daß er von den Arbeitern eine Art von Unternehmergesinnung fordert, die sie die Erhöhung der Arbeitsproduktivität und das Mittragen des Betriebsrisikos als notwendig erkennen läßt.

Gerade von der Verwirklichung dieser Aufgabe macht Meßner den Ausgang des Kampfes zwischen Kapitalismus und Sozialismus abhängig. Nach seiner Darstellung entscheidet sich „die Schicksalsfrage des Westens im kalten Krieg — auf dem Geld- und Kapitalmarkt", und dabei ist „der der Arbeiterschaft zufallende Teil der Aufgabe von entscheidender Bedeutung".[2]) Daß Meßner bei allen seinen Ausführungen immer die Erhaltung des kapitalistischen Eigentums im Auge hat, geht ganz klar daraus hervor, wenn er erklärt, daß

> „. . . die Beseitigung des Privateigentums an den Produktionsmitteln die Beseitigung der stärksten Sicherung der einzelpersönlichen und sozialen Freiheiten gegenüber Ansprüchen auf staatliche Allmacht und Allzuständigkeit zur Folge . . ."[3])

habe, und an anderer Stelle, daß

> „. . . die Einrichtung des Privateigentums das Zweckmäßigste ist für die gesicherte Ordnung, die ausgeglichene Herrschaftsverteilung, die wirtschaftliche Wohlfahrt und das allgemeine Wohl der Gesellschaft".[4])

Auch Meßner betont die durch das „Miteigentum" zu schaffende Möglichkeit zusätzlicher Kapitalbildung, aber bezeichnenderweise als ein Erfordernis des kalten Krieges. Er spricht von einem wirtschaftlichen Dilemma des Westens, weil der Sowjetstaat eine „Kapitalbildung von gewaltigem Ausmaß erzwingt", während

> „. . . im Westen . . . ein wachsender Anteil des Nationaleinkommens für den unmittelbaren Verbrauch erzwungen wird unter Gefährdung der notwendigen Kapitalbildung".[5])

Neben der Spitze gegen die gewerkschaftlichen Forderungen der Arbeiter merkt man doch deutlich die Furcht vor der wachsenden

---

1) Ebenda, S. 471.
2) Ebenda, S. 487.
3) Ebenda, S. 264.
4) Ebenda, S. 462.
5) Ebenda, S. 211/212.

wirtschaftlichen Macht des sozialistischen Lagers. Deshalb die Betonung des „Miteigentums" als wichtige ideologische Waffe im kalten Krieg gegen den Sozialismus.

Dieser ideologische Inhalt des „Miteigentums"-Gedankens kommt auch bei der *Teilprivatisierung der Preußag* zum Ausdruck. Schon als der Bundesschatzminister Lindrath vorschlug, das Aktienkapital der Preußag von 75 Mill. DM auf 105 Mill. DM zu erhöhen und dafür für 30 Mill. DM Kleinaktien auszugeben, stellte der „Volkswirt" fest, daß „die Betonung vornehmlich auf der gesellschaftspolitischen Seite" liege.[1]) Der „Industriekurier" begrüßte den Ende März 1959 gefaßten Beschluß über diese Transaktion mit dem Satz: „Die sogenannte soziale Privatisierung beginnt", wobei in demselben Artikel betont wird, daß die durch die Kapitalerhöhung gewonnenen Mittel einer weiteren Rationalisierung dienen sollen, die in den Jahren 1959 bis 1963 einen Kapitalaufwand von etwa 350 Mill. DM erfordern würde, von denen 260 Mill. DM über die Abschreibungen aus eigenen Mitteln genommen werden sollen.[2]) Daß die Notwendigkeit dieser großen Investitionen bei der Preußag sich aus der Aufrüstung ergibt, kann man eigentlich schon daran erkennen, daß der Umsatz der Preußag seit 1956 eine sinkende Tendenz aufweist, also unter rein kommerziellen Gesichtspunkten eine Erweiterung der Produktion sogar unzweckmäßig wäre.

Die Tatsache, daß die Preußag-Volksaktien vier Tage nach Beginn der Auflage bereits doppelt überzeichnet waren und das Ergebnis am Zeichnungsschlußtag über 100 Mill. DM betrug, wurde von der gesamten westdeutschen Monopolpresse mit lautem Beifall begrüßt. „Der Zug der Volksaktie, zum Eigentum für jeden beginnt erst", schrieb der „Industriekurier" am 21. 4. 1959 unter der bezeichnenden Überschrift „Warum nicht auch Salzgitter privatisieren?". Der „Volkswirt" meint in seiner Nr. 14 vom 4. 4. 1959, es sei nicht einzusehen, warum die Preußag nicht 100prozentig privatisiert werden solle.

Die Forderung auf die unbedingte Weiterführung der Reprivatisierung bundeseigener Werke wurde durch die Forderung ergänzt, die „breite Streuung des Eigentums" nicht auf Aktien zu beschränken. Pentzlin schrieb am 4. 4. 1959 in der „Welt":

> „Die Kreise, die für das Wertpapier gewonnen werden sollen, dürfen nicht einseitig zum Kauf von Aktien angeregt werden.

---

1) „Der Volkswirt", Nr. 46/1958.

2) „Industriekurier" vom 24. 3. 1959.

Sie müssen von vornherein dazu angehalten werden, Papiere mit festen Zinserträgen und nur daneben Aktien mit veränderlichen Dividenden zu erwerben."

Allerdings kann das ganze Geschrei der westdeutschen Monopolpresse darüber, daß mit dem unerwartet hohen Zeichnungsergebnis das Ziel einer breiten Eigentumsstreuung erreicht sei, nicht darüber hinwegtäuschen, daß die Erwartungen hinsichtlich der „Eigentumsbildung in Arbeiterhand" sich durchaus nicht erfüllt hatten. Trotzdem die Bezugsbedingungen für die sogenannten Belegschaftsaktien relativ günstig waren, nämlich Verkauf zum Nominalwert bei einem augenblicklichen Kurs von 140, konnte nur 1/8 der vorgesehenen 4 Mill. DM untergebracht werden, wobei der „Volkswirt" noch bemerkt:

„. . . die Aussicht auf Kursgewinne mag manchen zur Zeichnung der Preußag-Kleinaktie verleitet haben."[1])

Daß gerade diese Tatsache den Ideologen des „Miteigentums" und gleichzeitigen Vertretern der Reprivatisierung einen Strich durch die Rechnung macht, kann man an den Schimpftiraden gegen die Gewerkschaften und gegen die SPD ermessen, weil diese gegen die „Schaffung von Volkseigentum durch Privatisierung" aufträten.[2]) Wenn es den verantwortlichen Stellen einzig und allein darauf ankäme, zusätzliche Kapitalquellen durch die „Volksaktie" zu mobilisieren, müßte ihnen doch das Zeichnungsergebnis vollkommen genügen! An den scharfen Angriffen gegen SPD und Gewerkschaften erkennt man aber, daß es wirklich um mehr geht, nämlich um die Verbreitung der „Miteigentums"-Idee unter den Arbeitern, um sie leichter für die Aggressionspläne zu gewinnen, die sich vor allem gegen die DDR, den sozialistischen deutschen Staat, richten. Da der Widerstand der Arbeiter gegen diese Machenschaften weit größer ist, als die Monopolherren erwarteten, sehen diese den zu erwartenden Auseinandersetzungen durchaus nicht mit großer Ruhe entgegen.

Der offensichtlich antisozialistische und vor allem gegen die DDR gerichtete Inhalt der heute in Westdeutschland verbreiteten „Miteigentums"-Theorien macht es aber auch notwendig, kurz auf die Stellung der SPD und der Gewerkschaften zum „Miteigentum" einzugehen.

---

1) „Der Volkswirt", Nr. 15/1959.

2) „Industriekurier" vom 21. 4. 1959.

Die vom Standpunkt der Arbeiterklasse durchaus zu begrüßende Ablehnung der „Volksaktie“ und jetzt der Preußagaktie sagt aber noch nichts über die *prinzipielle* Stellung zum „Miteigentum“ aus. Natürlich gibt es viele Mitglieder und Funktionäre der SPD und der Gewerkschaften, für die diese Ablehnung auch eine prinzipielle Ablehnung des „Miteigentums“ bedeutet. Aber andere, besonders führende Funktionäre und solche, die in den offiziellen Organen der SPD und des DGB zu Worte kommen, lehnen zwar die eine oder andere Form des „Miteigentums“ ab, bejahen aber das „Miteigentum“ als solches.

So hat z. B. die Tatsache, daß solche Leute, wie Dr. Deist, Pass, Weißer, Gleitze, Preller, Hinkel, ähnliche Theorien des Investlohnes aufstellten wie der CDU-Mann Häußer, den „Industriekurier“ am 6. 5. 1958 zu der ironischen Äußerung veranlaßt:

> „Es wird nicht mehr lange dauern, dann marschieren sie Hand in Hand, die Miteigentums-Theoretiker der CDU und die Eigentumsverteiler im DGB.“

Derselbe Dr. Deist, der von der Unternehmerpresse angegriffen wird, weil er die Volksaktie mit Recht als reines Spekulationspapier ablehnt, tritt auf der anderen Seite für das Privateigentum ein, weil es „wirtschaftliche Unabhängigkeit“ gewährt und die „Entfaltung der freien Persönlichkeit“ erleichtert.[1]) In einer am 14. 3. 1958 in Westberlin gehaltenen Rede forderte er eine „gerechte Beteiligung an den Produktionsmitteln“, aber nicht an eigenen Unternehmen.

> „Für uns kommt eine Forderung nach Beseitigung des privaten Eigentums nicht mehr in Frage.“

Das stellte er kategorisch als führender Funktionär der SPD fest. Der Bremer Wirtschaftssenator Wolters bezeichnete die CDU-Volksaktie als ein „Mittel der Reprivatisierung“. Aber gleichzeitig forderte er eine „echte“ Volksaktie und verlangte, daß die erforderliche breite Streuung des Wirtschaftseigentums bei den privaten Großbetrieben beginnen müßte“.

Dieselbe Stellung bezieht Dr. Hinkel, der seine Ablehnung der Volkwagen-Aktien damit begründete, daß das nur eine „Scheinlösung“ wäre, die „von dem entscheidenden Problem“ ablenken würde, nämlich von der „sozialen Verteilung des privaten Produktionsmitteleigentums“.[2])

---

1) „Die neue Gesellschaft“, Nr. 2/1957.

2) „Geist und Tat“, Nr. 8/1957.

Der Wirtschaftsreferent im Parteivorstand der SPD, Pass, tritt unbedingt für das „Miteigentum" ein und stellt sogar die kühne Behauptung auf:

> „Ein allgemeines individuelles Kapitaleigentum verdrängt das private kapitalistische Eigentum."[1]

Er ist auch nicht gegen die „Volksaktie", nur erscheint sie ihm nicht ausreichend genug für die Bildung von „Miteigentum". Unter Ignorierung der Tatsache, daß das Wirtschaftsleben nicht durch die absolute Zahl kapitalistischer Unternehmen charakterisiert wird, sondern durch die Vorherrschaft der größten unter ihnen, vertritt er die Meinung, daß die Aktie kein gerechtes Mittel zur Bildung des Miteigentums sein kann, weil eben der „Anteil der Aktiengesellschaften an der Gesamtzahl der Unternehmungen relativ gering ist".[2]

Das heißt, der Widerspruch von seiten der SPD und des DGB gegen die Reprivatisierung richtet sich nur gegen diese bestimmte Form des „Miteigentums", aber nicht gegen den prinzipiellen ideologischen Kern der bürgerlichen Argumentation. Daß es in der grundsätzlichen Stellungnahme zum „Miteigentum" keinen Unterschied zwischen führenden SPD und DGB-Funktionären und den Ideologen der CDU und damit des Monopolkapitals gibt, ergibt sich zwangsläufig daraus, daß zwischen ersteren und der CDU auch kein Unterschied in der prinzipiellen Einstellung zum kapitalistischen Eigentum besteht.

Daß die Vertreter des Monopolkapitals, daß die CDU als Partei des Monopolkapitals für die Erhaltung des kapitalistischen Eigentums eintritt, ist verständlich. Daß aber eine Partei, die sich sozialistisch nennt und vorgibt, die Interessen der Arbeiter zu vertreten, den Schutz des privaten Eigentums in ihrem Grundsatzprogramm ausdrücklich erwähnt und sich eine angeblich sozialistische Wirtschaft der Zukunft nur vorstellen kann bei „Anerkennung einer Vielfalt von Unternehmensformen", einer „freien Unternehmerwirtschaft" und einer „Autonomie der Tarifpartner", das ist nicht in Ordnung.

Auch hier kommt genau so wie bei der christlichen Soziallehre und anderen Ideologen der Monopolbourgeoisie die Verteidigung des kapitalistischen Eigentums zum Ausdruck. Auch im Grundsatz-

---

1) Pass, Das Eigentum in der zweiten industriellen Revolution. Frankfurt/M. 1957, S. 190.

2) Ebenda, S. 192.

programm der SPD wird eine „gerechtere Verteilung von Einkommen und Vermögen verlangt, wobei die Vermögensbildung in erster Linie Sache freier persönlicher Entscheidung" sein soll. Aufgabe sei es, auch „den Vermögenslosen ein Einkommen zu sichern, das eine Vermögensbildung ermöglicht". Wobei unter Vermögen sowohl Kapital als auch persönliches Eigentum verstanden wird. Eine weitere Verwandtschaft mit den bürgerlichen Theoretikern des „Miteigentums" ergibt sich daraus, daß im Grundsatzprogramm nur davon gesprochen wird, daß die Arbeitnehmer auch einen Anteil am „Vermögens*zuwachs*" haben müßten, d. h., daß das bestehende Kapitaleigentum nicht angetastet werden solle.

Und es paßt genau in diese Konzeption, wenn in bezug auf die sozialistische Forderung nach Vergesellschaftung der Produktionsmittel gesagt wird, das Gemeineigentum sei kein Dogma, sondern nur eine Frage der Zweckmäßigkeit und der Notwendigkeit.

Die Popularisierung des „Miteigentums" bringt die Führung der SPD und des DGB, auch wenn sie gegen bestimmte Formen Stellung nehmen, trotzdem in eine Front mit den Verteidigern des Monopolkapitals, die gerade diese „Theorie" als ein wichtiges Mittel zur Untergrabung des Klassenbewußtseins der Arbeiter ansehen. Die herrschenden Kreise in Westdeutschland hoffen, dadurch die Einheit der Arbeiterbewegung zu verhindern, den Kampf der Arbeiter um bessere Arbeits- und Lohnbedingungen zu paralysieren und nicht zuletzt der wachsenden Anziehungskraft der DDR entgegenzuwirken. Die Propaganda des „Miteigentums" richtet sich unmittelbar gegen die Positionen der deutschen Arbeiterklasse, vor allem gegen die DDR. Man darf auf keinen Fall die Gefährlichkeit solcher „Theorien" unterschätzen, aber andererseits beweist das Bestreben, sie auch praktisch anzuwenden, sehr schnell die ganze Demagogie, die dahinter steckt.

Alle bisherigen Versuche, die Theorie des „Miteigentums" in der einen oder anderen Form in die Praxis umzusetzen, haben weder eine Veränderung in den Klassenbeziehungen gebracht, noch haben sie dazu geführt, daß die Arbeiter in ihrer Mehrheit sich davon blenden ließen. Das beweist nicht zuletzt die so laut gepriesene Preußag-Aktion. Es erfüllte sich also auch nicht der Wunsch der bürgerlichen Ideologen, die für sie immer unangenehmer werdende sogenannte „soziale Frage" in ihrem Sinne zu lösen. Ihre ganze theoretische Konzeption beweist, daß sie wohl erkannt haben, daß die Eigentumsfrage die Grundfrage ist, deren Lösung auf der Tagesordnung steht. Aber was sie als Lösung anbieten, ist doch gerade der Versuch, mit allen Mitteln die einzig mögliche Lösung der Eigentumsfrage zu verhindern oder zumindest aufzuhalten. Das Wesen der „Theorien“ über das „Miteigentum“ besteht darin, daß die Schaffung sozialistischer Produktionsverhältnisse dadurch verhindert werden soll, daß in den Arbeitern ein bestimmtes Interesse an der Erhaltung des Privateigentums an den Produktionsmitteln erzeugt wird.

Diese Bemühungen sind ja nicht neu, und auch sie werden die Entwicklung zum Sozialismus nicht aufhalten können. Sie entstanden bereits in einer Zeit, als die Notwendigkeit der Ablösung des Kapitalismus durch den Sozialismus schon als theoretische Frage die Bourgeoisie in Schrecken versetzte. Heute ist der Sozialismus bereits praktische Wirklichkeit in einem Drittel der Welt. Und ebensowenig, wie die zur Verteidigung des Kapitalismus erfundenen Theorien diese Entwicklung verhindern konnten, ebensowenig können sie verhindern, daß in der Zukunft der Sozialismus in der ganzen Welt herrschen wird.

Grundprobleme der Investitionsfinanzierung in Westdeutschland

von KURT ZIESCHANG

(Schriften des Instituts für Wirtschaftswissenschaften bei der Deutschen Akademie der Wissenschaften zu Berlin, Nr. 9)

1959. 206 Seiten — 11 Abbildungen — 46 Tabellen — gr. 8° — DM 19,50

Auf der heutigen Stufe der Konzentration und Zentralisation in Westdeutschland ist der bei weitem überwiegende Teil der Bevölkerung in das monopolkapitalistische Ausbeutersystem einbezogen. Demzufolge haben die Verteilungs- und Umverteilungsprozesse des gesellschaftlichen Gesamtprofits und des Nationaleinkommens große Bedeutung für die Ausbeutung und für den Ablauf der ökonomischen Prozesse in Westdeutschland gewonnen. Die Untersuchung dieser Verteilungs- und Umverteilungsprozesse kann daher wichtige Grundlagen für die Beurteilung der Klassensituation und für die Perspektive des deutschen Imperialismus liefern.
Der Verfasser stellt sich die Aufgabe, ein Teilproblem der kapitalistischen Akkumulation in Westdeutschland, die Investitionsfinanzierung, unter den genannten Gesichtspunkten zu analysieren. Es wird nachgewiesen, daß bei gleichen Formen der Investitionsfinanzierung in allen Perioden der Entwicklung des deutschen Imperialismus doch immer die Investitionsfinanzierung in ihrem Inhalt, ihren Beziehungen, die sie vermittelt, und in ihrer Wirkung unterschiedlich ist und von der jeweiligen Stufe der Konzentration und Zentralisation abhängt. Heute werden in Westdeutschland der Inhalt und die Methoden der Investitionsfinanzierung vom staatsmonopolistischen Kapitalismus bestimmt.

Bestellungen durch eine Buchhandlung erbeten

AKADEMIE-VERLAG · BERLIN

FSC
www.fsc.org
MIX
Papier | Fördert gute Waldnutzung
FSC® C083411

Kolibri 360 GmbH
Ferdinand-Jühlke-Straße 7
99095 Erfurt, Deutschland
produktsicherheit@kolibri360.de